Especialmente para

....

De

....

El día

....

El
Padrenuestro

Oraciones devocionales inspiradas en Mateo 6

inspiración para la vida
CASA PROMESA
Una división de Barbour Publishing, Inc.

©2014 por Casa Promesa

Impreso ISBN 978-1-62416-720-1

Ediciones eBook:
Edición Adobe Digital (.epub) 978-1-62836-363-0
Edición Kindle y MobiPocket (.prc) 978-1-62836-364-7

Título en inglés: *The Lord's Prayer Devotional*
©2013 por Barbour Publishing, Inc.

Desarrollo editorial: *Semantics*, Inc. P.O. Box 290186, Nashville, TN 37229
semantics01@comcast.net

Publicado por Casa Promesa, P. O. Box 719, Uhrichsville, Ohio 44683,
www.casapromesa.com.

*Nuestra misión es la publicación y distribución de productos inspiradores con un valor
excepcional y que ofrezcan aliento bíblico a las multitudes.*

Impreso en Estados Unidos de América.

Contenido

El Padrenuestro

Padre nuestro que estás en los cielos, santificado sea tu nombre. Venga tu reino. Hágase tu voluntad, como en el cielo, así también en la tierra. El pan nuestro de cada día, dánoslo hoy. Y perdónanos nuestras deudas, como también nosotros perdonamos a nuestros deudores. Y no nos metas en tentación, mas líbranos del mal; porque tuyo es el reino, y el poder, y la gloria, por todos los siglos. Amén.

MATEO 6.9–13

Introducción

Cuando los discípulos le preguntaron a Jesús cómo debían de orar, Él les respondió con las palabras que hoy conocemos como el «Padrenuestro». La mayoría de nosotros está tan familiarizado con las palabras que tal vez podemos repetirlas de forma automática, olvidándonos de lo que realmente significan. Sin embargo, si nos fijamos en estas frases familiares con más cuidado, si reflexionamos sobre ellas y oramos según ellas, comprenderemos más profundamente lo que Jesús consideraba más importante en nuestra relación con Dios. Estas son palabras para tomar en serio y considerar a fondo. ¡Estas palabras tienen el poder de transformar nuestras vidas!

PADRE NUESTRO QUE ESTÁS EN LOS CIELOS

(Él es Dios y no yo)

*J*esús nos dice que Dios es nuestro Padre: estamos íntimamente relacionados al Creador del universo. Como todos los buenos padres, Dios nos ama, nos provee y vela por nosotros.

Cuando realmente creemos esto, entonces podemos dejar a un lado nuestros temores sobre el futuro. Nuestro Padre amoroso tiene todos los detalles de nuestra vida en Sus manos. No tenemos que preocuparnos por dinero, o salud, o cómo vamos a manejar los retos de la vida. En lugar de esto, podemos volvernos a nuestro Padre en amor y confianza, sabiendo que Él puede hacerlo todo.

Cuando éramos adolescentes, queríamos separarnos de nuestros padres y poner a prueba nuestra independencia; esta es una etapa de desarrollo saludable. Pero cuando somos seguidores de Cristo espiritualmente maduros, podemos dejar a Dios ser Dios, y aceptar que Él está en control.

Y entonces podemos descansar en Su amor.

Papito

Y por cuanto sois hijos, Dios envió a
vuestros corazones el Espíritu de su
Hijo, el cual clama: ¡Abba, Padre!
GÁLATAS 4.6

Los padres terrenales a veces nos decepcionan.
No importa lo fantástico (o no tan fantástico) que sea
mi padre, él es una persona imperfecta. Pero tú, Dios
Padre, siempre me amas, siempre me comprendes,
siempre sabes lo que es mejor para mí, siempre provees
para mí, siempre cumples tus promesas. Muchas
gracias porque puedo acercarme a ti y llamarte Papito.
Ayúdame a entender esta relación cada día.

Todo es posible

Abba, Padre, todas las cosas son posibles para ti.
MARCOS 14.36

¡Cuán maravilloso, Señor, mi Padre, es el Creador del universo! Tu creatividad infinita creó la belleza de la tierra y los detalles de la vida. Sé que puedo descansar en tu fortaleza, en tu poder, en tus capacidades. No hay nada en el cielo ni en la tierra que tú no puedas resolver. Perdóname cuando trato de tomar las cosas en mis propias manos. Tú creaste el mundo y todo lo que hay en él, ¡sé que puedes cuidar mi pequeña vida!

Coherederos con Cristo

Pues no habéis recibido el espíritu de esclavitud
para estar otra vez en temor, sino que habéis
recibido el espíritu de adopción, por el cual
clamamos: ¡Abba, Padre! El Espíritu mismo
da testimonio a nuestro espíritu, de que somos
hijos de Dios. Y si hijos, también herederos;
herederos de Dios y coherederos con Cristo.
ROMANOS 8.15–17

Gracias, Señor, por adoptarme en tu familia, por
hacerme tu heredero, así como es Jesús. No hay nada
que yo pueda hacer para merecer este favor o esta
aceptación. Tu gracia es suficiente. Ahora llamo
a Jesús mi hermano, ¡y juntos compartimos en tu
impresionante gloria!

Recibiendo a Jesús

Mas a todos los que le recibieron, a los que creen en su nombre, les dio potestad de ser hechos hijos de Dios.

JUAN 1.12

Señor, creo en tu nombre. Ayúdame cada día a creer aún más. Quita todas las dudas e inseguridades que el mundo me grita todos los días. Mantén mis ojos firmemente enfocados en ti, aun cuando venga la prueba. Mantén mis oídos en sintonía con tu voz, especialmente cuando me sienta tentado a escuchar otras voces. Te recibo en mi corazón para que hagas morada en él ahora y para siempre.

El Señor Todopoderoso

Y seré para vosotros por Padre, y vosotros me
seréis hijos e hijas, dice el Señor Todopoderoso.
2 Corintios 6.18

Tú, Dios, puedes hacer todas las cosas porque eres
todopoderoso. Porque eres mi Padre, sé que puedo
confiar en ti para manejar todos y cada uno de los
aspectos de mi vida. Muéstrame nuevas maneras en las
que puedo depender de ti para que obres de una forma
poderosa en mi vida. Te confío mi pasado, presente y
futuro. Tú eres Dios y no yo, y estoy muy agradecido
de que sea así.

La misericordia de un padre

Yo le seré por padre, y él me será por hijo;
y no quitaré de él mi misericordia.
1 CRÓNICAS 17.13

Gracias, Dios, porque nunca alejarás de mí tu misericordia. No importa cuántas veces te decepcione, siempre puedo contar con que me levantarás otra vez. Padre, no puedo entender este regalo, pero estoy muy agradecido por él. Por favor, enséñame la manera de extender misericordia a otras personas en mi vida, especialmente a las que el mundo considera «difíciles de amar». Porque la verdad es, Dios, que hay días en que sé que también soy difícil de amar.

Dios de toda consolación

*Bendito sea el Dios y Padre de nuestro
Señor Jesucristo, Padre de misericordias
y Dios de toda consolación.*
2 CORINTIOS 1.3

Tú me consuelas, Padre, cuando me duele el corazón.
Cuando todo en mi vida parece ir mal, cuando el
mundo está lleno de violencia y desastres, cuando
hay pérdidas por dondequiera que miro, cuando la
esperanza muere dentro de mí... tu consuelo nunca
falla. Gracias por ofrecerme ese cuidado constante en
mi vida. Ayúdame a siempre ofrecer consuelo, cuidado
y compasión a otros también, y que al final, esto los
conduzca a ti.

Qué manera de amar

Mirad cuál amor nos ha dado el Padre,
para que seamos llamados hijos de Dios.
1 JUAN 3.1

Un buen padre protege a sus hijos; ama a sus hijos incondicionalmente, los entiende y los perdona, provee para su familia y está íntimamente involucrado en las vidas de los que ama. Tú eres más que un buen padre, Dios —tú eres el Padre *perfecto*. Recuérdame, Señor, que *así* es como amas. Gracias por amarme incondicionalmente y sin reservas.

Luminares

*Para que seáis irreprensibles y sencillos, hijos de
Dios sin mancha en medio de una generación
maligna y perversa, en medio de la cual
resplandecéis como luminares en el mundo.*

FILIPENSES 2.15

Señor, estoy agradecido porque te puedo reclamar
como mi Padre. Porque vives en mi corazón, soy tu
representante en el mundo que me rodea. Gracias
por usarme para tus propósitos y gracias por llenar
esos vacíos en los que soy incapaz de hacer tu trabajo.
Hazme tu luz en el mundo que me rodea, no para
vanagloriarme sino para proclamar tu grandeza.

Hijos de la resurrección

Porque no pueden ya más morir, pues
son iguales a los ángeles, y son hijos de
Dios, al ser hijos de la resurrección.
LUCAS 20.36

Porque soy tu hijo, no tengo que temer a la muerte.
Tú mismo venciste a la muerte y a la tumba la
mañana del Domingo de resurrección, y también
me prometiste que tu gracia me salvaría de la muerte
eterna. ¡Cuán asombroso, maravilloso, y qué lección
de humildad! Me siento feliz, Señor, por la promesa de
tu resurrección y la seguridad de morar en la eternidad
contigo en el cielo. Ayúdame a ser valiente y compartir
esta magnífica esperanza con las personas que no la
tienen.

Paz

Gracia y paz a vosotros, de Dios nuestro
Padre y del Señor Jesucristo.
2 Tesalonicenses 1.2

Gracias, Padre, por el don de tu paz. Ayúdame a recordar que tu paz es el único descanso verdadero y perdurable para mi alma —y a siempre correr hacia ti y no a otro ídolo en mi vida. Cuando vengan los problemas, por favor dame una dosis adicional de tu paz. Y cuando vea a otros confundidos, ayúdame a estar listo con una palabra y una acción que los ayude a buscar tu paz.

Guiado por el Espíritu

Porque todos los que son guiados por el
Espíritu de Dios, éstos son hijos de Dios.
ROMANOS 8.14

Padre, permite que tu Espíritu me guíe en todo.
Permite que siempre me vuelva a ti para guía y
dirección. Aléjame de la tentación de seguir los
caminos de otros «dioses». Haz que tu Espíritu se
avive y active en mi corazón, de manera que escuche
tu voz cada día, en cada decisión y en cada acción.
Perdóname cuando ignoro el mover de tu Espíritu.
¡Actívalo en mi corazón, Señor!

Pacificadores

Bienaventurados los pacificadores, porque
ellos serán llamados hijos de Dios.
MATEO 5.9

Querido Señor, enséñame que si quiero que el
mundo me vea como tu hijo, entonces necesito
trabajar siempre por la paz en el mundo que me
rodea. Ayúdame a resistir la tentación de provocar
resentimiento o enojo entre mi familia, amigos y
vecinos. Elimina las palabras hirientes y punzantes que
pueden brotar cuando los ánimos están caldeados. En
cambio, enséñame a ser un pacificador, para que otros
reconozcan que tú habitas y que estás obrando en mí.

Amar a nuestros enemigos

Amad, pues, a vuestros enemigos, y
haced bien, y prestad, no esperando
de ello nada; y será vuestro galardón
grande, y seréis hijos del Altísimo.
LUCAS 6.35

Padre celestial, sabes que se me hace difícil amar a ciertas personas en mi vida. Algunas se comportan descaradamente repugnantes conmigo. Pero tu Palabra dice que deseas que pague el mal con bien. Recuérdame que, como tu hijo, me pides no solamente que ame a mis enemigos, sino que también les haga bien, sin pensar en ninguna recompensa. No va a ser fácil, Señor, pero con tu ayuda, lo puedo hacer.

Hijos de Dios

Porque en él vivimos, y nos movemos, y
somos ... porque linaje suyo somos.
HECHOS 17.28

El mundo me dice que sea independiente, autosuficiente y me valga por mí mismo. Pero la verdad es que estoy íntimamente conectado con el Señor del universo, y que mi vida depende de ti, Padre. La mayoría de los días, es un alivio saber que no tengo que manejarlo todo. Dicho de otra forma, ¡tú y yo somos parientes, Señor! Yo no existiría si no fuera por ti.

¿Quién sabe?

*Amados, ahora somos hijos de Dios, y aún
no se ha manifestado lo que hemos de ser.*
1 JUAN 3.2

Padre, estoy muy agradecido por ser tu hijo en esta
vida. ¡Ni siquiera puedo imaginar lo que esto querrá
decir en la vida por venir! Gracias por la esperanza que
me has dado para ahora y para un futuro desconocido.
Aunque no conozco todos los detalles de lo que tienes
deparado para mí, estoy agradecido por la certeza de
saber que tú tienes todo bajo control.

SANTIFICADO
SEA TU NOMBRE

(Alábale por quien Él es)

Cuando «santificamos» algo, lo distinguimos. Lo mantenemos santo. Lo consagramos. Entonces, ¿cómo mantenemos el nombre de Dios santo y distinguido?

En las culturas antiguas, incluyendo aquella en la que Jesús vivió cuando estuvo en la tierra, el nombre de una persona era lo mismo que la persona misma. Era la esencia de esa persona, su carácter completo, todo lo que era esa persona.

Cuando le pedimos a Dios que viva en nuestros corazones, Él se convierte en parte de nosotros. Pero al mismo tiempo, Él permanece trascendente. Cuando santificamos Su nombre, reconocemos que Dios no es una mascota a la que mantenemos atada a una correa ni un amigo imaginario que metemos en nuestro bolsillo. Él es más grande que nosotros, mucho más allá que cualquier cosa que nuestra mente pueda empezar a comprender.

Cuando entendemos esto, recobramos un sentido de perspectiva saludable. Nuestros problemas ya no son tan grandes como pensábamos que eran. Dios es muchísimo más grande que cualquier circunstancia en nuestras vidas. Él es inescrutable, inimaginable.

Y, sin embargo, Él nos ama. El amor es la esencia de Su carácter. Amor es Su nombre.

Dios es amor

Dios es amor; y el que permanece en amor, permanece en Dios, y Dios en él.
1 JUAN 4.16

Dios, no permitas que me olvide que eres amor —paciente, amable, no envidioso, no orgulloso, no irrespetuoso, no egoísta, que no se enoja fácilmente. No guardas ningún registro de faltas. No te gozas en la injusticia pero te regocijas en la verdad. Tú siempre proteges, confías, esperas y perseveras. Tu amor siempre permanecerá. Es lo más grande que existe. Que mi morada siempre esté en ti —dentro de tu amor.

La sabiduría y el poder

Sea bendito el nombre de Dios de siglos en
siglos, porque suyos son el poder y la sabiduría.
DANIEL 2.20

Tú, Señor, eres omnisciente. Haces que la sabiduría del mundo luzca como una simple tontería. Jamás comprenderé la inmensidad de tu sabiduría, pero estoy agradecido de tener ese poder de mi lado. Las Escrituras dicen que además de ser omnisciente, también eres todopoderoso. Hablas, y los cielos y la tierra se prestan para responder a tu llamada. No importa lo poderosos que los seres humanos pensemos que somos, tú eres Aquel que lo controla todo. Hoy yo «santifico tu nombre» dependiendo de tu sabiduría y poder.

El Dios de los ejércitos

Porque he aquí, el que forma los montes,
y crea el viento, y anuncia al hombre su
pensamiento; el que hace de las tinieblas
mañana, y pasa sobre las alturas de la tierra;
Jehová Dios de los ejércitos es su nombre.

AMÓS 4.13

Dios, Padre mío, tú formaste las montañas y el viento,
la oscuridad de la noche y la luz de la mañana, y tú
diriges todas las huestes celestiales. Tú formaste mis
características complejas en el vientre de mi madre.
No permitas que jamás dé por sentada tu creatividad
sin límites. No permitas que jamás olvide quién eres
tú realmente.

Lupas

Engrandeced a Jehová conmigo, y
exaltemos a una su nombre.
SALMO 34.3

Recuérdame, Dios Padre, que soy llamado a ser tu lupa. Haz brillar tu luz a través de mí a todo el mundo que me rodea. Sácame del medio para que otros te vean a ti. Mi objetivo es exaltar tu nombre en todo lo que hago —en pensamiento, palabra y hecho. Dirígeme a otras personas con pensamientos afines a los míos, para que verdaderamente podamos vivir vidas que te exalten a ti, y solo a ti.

Nuestro Redentor

Nuestro Redentor, Jehová de los ejércitos
es su nombre, el Santo de Israel.
ISAÍAS 47.4

Tú eres mi redentor, Señor; me has salvado de todo lo que me separaba de ti. Cuando no soy santo, tú lo eres. Cuando estoy atrapado en ansiedad y desesperación, tú me liberas. Cuando no veo esperanza de escapar de mis circunstancias presentes, tú me rescatas. Cuando me siento indigno y manchado más allá de toda esperanza de salvación, tú me cubres de gracia. Adoro tu nombre, tu presencia, tu belleza y tu poder.

El Dios de nuestra salvación

*Ayúdanos, oh Dios de nuestra salvación, por
la gloria de tu nombre; Y líbranos, y perdona
nuestros pecados por amor de tu nombre.*
SALMO 79.9

Cuando comience a buscar otras cosas para mi
salvación —dinero, prestigio, gente, bienes—
recuérdame, Dios, que eres el único que me puede
salvar ahora y mantenerme seguro por siempre.
Remueve las tentaciones de mi vida, esas a las que
recurro rápido cuando tengo estrés y me siento
inseguro. Permite que me percate de los peligros que
me rodean. Enfoca mi atención en ti y en tu reino.

La gloria de Su nombre

Dad a Jehová la honra debida a su nombre;
traed ofrendas, y venid a sus atrios.
SALMO 96.8

Señor, lléname con la gloria de tu nombre. Que pueda
ver el esplendor y la luz de tu carácter dondequiera que
mire. Cuando esté atribulado, muéstrame evidencias
de tu amor en mi interacción diaria con los demás
y con tu creación. Quiero estar siempre preparado
con respuestas llenas de Dios para la gente que me
pregunte acerca de mi esperanza.

Libre de la prisión

Y todo aquel que invocare el
nombre de Jehová será salvo.
JOEL 2.32

❧

Padre, el mundo me dice que no existe tal cosa como un pase gratis. Necesito pagar mi cuota, y entonces algún día puede que (si soy agraciado), obtenga la recompensa. Y, por supuesto, mis acciones tienen consecuencias —el mundo también está presto a recordármelo. Pero, Padre, cuando esté en problemas —cuando mi alma esté en cautiverio— recuérdame que todo lo que tengo que hacer es invocar tu nombre... y tú me liberarás.

Majestad y poder

Y él estará, y apacentará con poder de Jehová,
con grandeza del nombre de Jehová su Dios.
MIQUEAS 5.4

Señor, admito que el estrés de la vida y las cargas de
este mundo a menudo me dejan sintiéndome débil e
impotente. Pero tu nombre es majestad y fortaleza.
Tu nombre es más alto, tiene más poder y es mucho
más admirable que cualquier cosa que este mundo
me pueda ofrecer. Todo lo que tengo que hacer es
aprovechar el poder de tu nombre, y tú prometes
sostenerme. ¡Puedo hacer todo a través de ti porque tú
me das las fuerzas!

Cantar el nombre de Dios

Alabaré yo el nombre de Dios con
cántico, lo exaltaré con alabanza.
SALMO 69.30

Dios, lléname hoy con tu canción. Instrumenta dentro
de mi corazón una melodía que sea un sonido alegre,
uno que haga regocijar tu corazón. Dame palabras de
alabanza para ti y palabras de aliento para los demás.
Llena mi canción con tu paz y tu belleza. Ayúdame
a vivir esa canción en todo momento, sin importar
mis circunstancias. Permite que pueda santificar tu
nombre con mi canción.

Un Dios de justicia

Porque yo Jehová soy amante del derecho,
aborrecedor del latrocinio para holocausto.
ISAÍAS 61.8

Si santifico tu nombre, Dios, entonces tengo que
recordar quién realmente eres: el Dios de justicia.
Recuérdame que me has llamado a exhibir esa
misma justicia en todo lo que hago. Gracias por ser
el equilibrio perfecto de la justicia y la misericordia,
de equidad y amor. Por más que lo intente, no puedo
lograr ese equilibrio en mi vida sin tu ayuda. Enséñame
a amar la justicia y a luchar por ella todos los días.

Llamado por Su nombre

Fueron halladas tus palabras, y yo las comí;
y tu palabra me fue por gozo y por alegría
de mi corazón; porque tu nombre se invocó
sobre mí, oh Jehová Dios de los ejércitos.
JEREMÍAS 15.16

Oh, Dios, no solo me has adoptado como tu hijo, pero ahora dices que también llevo tu nombre como propio. Me buscaste, me compraste, me aceptaste y me amaste. Aunque no me merezca el honor de ser llamado tuyo, me siento feliz de aceptar ese regalo. Ayúdame a ser digno de él.

Participo de la santidad de Dios

Para que participemos de su santidad.
HEBREOS 12.10

———— ❦ ————

Padre, honro tu nombre participando cada día de
tu santidad. Haz que tu Espíritu se avive y se active
en mi corazón hoy. Recuérdame buscarte a través de
la oración, meditando en tu Palabra y simplemente
estando quieto ante tu presencia. Y cuando esté «tan
ocupado» como para pasar un rato contigo, por favor
invítame a regresar a tu presencia. No puedo vivir la
vida por mi cuenta... ni quiero hacerlo.

Luz

Dios es luz, y no hay ningunas tinieblas en él.
1 JUAN 1.5

Padre Dios, tu nombre es Luz. No hay oscuridad en
ti. Tu resplandor es deslumbrante —más reluciente
que la estrella más brillante y más hermoso que la gala
celestial más sobrecogedora. Eres una promesa llena de
esperanza de iluminación eterna. Te suplico que brilles
en mí, y brilla *a través* de mí para que otros puedan ver
cómo la oscuridad huye ante tu luz.

La roca

Jehová, roca mía y castillo mío, y mi
libertador; Dios mío, fortaleza mía,
en él confiaré; Mi escudo, y la fuerza
de mi salvación, mi alto refugio.
Salmo 18.2

Señor, ¡tienes tantos nombres! Roca, Castillo,
Libertador, Escudo, Fuerza de salvación, Alto
Refugio. Y todos me dicen que puedo confiar
absolutamente en ti. Todos me dicen que estás en
control, que tú me protegerás del peligro, que no debo
temer, que estoy seguro en tu poderosa mano. Que
nunca me dejarás caer.

Verdad

*Encamíname en tu verdad, y enséñame, porque
tú eres el Dios de mi salvación;
en ti he esperado todo el día.*
SALMO 25.5

Tu Hijo dijo que él era el Camino, la Verdad y la Vida.
Padre, permite que siempre camine en tu verdad; la
verdad de Jesús. Enséñame a ser paciente y a esperar
a que te muevas, a que actúes en mi vida, mientras
espero tu regreso. Esperar no es nada fácil, Dios. Por
favor, dame las fuerzas para confiar en la esperanza de
tu salvación. Tu verdad significa todo para mí.

VENGA TU REINO, HÁGASE TU VOLUNTAD

(Apoyando Sus planes)

El reino de Dios ya está presente. Jesús trajo a la tierra el reino salvador de Dios; está vivo y es real. No obstante, todavía falta mucho trabajo por hacer. La paz y la justicia se tienen que abrazar. El poder salvador de Dios tiene que sanar y redimir a nuestro mundo quebrantado.

Cuando oramos para que venga el reino de Dios y se haga su voluntad, nos estamos alineando con el plan supremo de Dios para nuestras vidas, así como para el mundo en general. Estamos aceptando la agenda de Cristo como nuestra. Estamos celebrando el triunfo supremo de Dios, mientras esperamos con entusiasmo el día en que nuestros ojos verán Su gloria revelada por todas partes.

Fuera de vista

Preguntado por los fariseos, cuándo había de
venir el reino de Dios, les respondió y dijo: El
reino de Dios no vendrá con advertencia.
LUCAS 17.20

———❦———

Padre, no siempre puedo ver la realidad de tu reino en
el mundo que me rodea. Dame ojos de fe. Muéstrame
las personas que están trabajando por tus objetivos
y dame la oportunidad de servir al lado de ellas.
Permíteme llevar tu reino a las personas y lugares a mi
alrededor que más te necesitan.

Buenas nuevas

Aconteció después, que Jesús iba por
todas las ciudades y aldeas, predicando y
anunciando el evangelio del reino de Dios.
LUCAS 8.1

Hazme tu embajador, Señor, alguien que lleve las
buenas nuevas de tu reino a todo el que conozca hoy.
Dame nuevas oportunidades y nuevas relaciones, de las
que tal vez no me percate normalmente, para que pueda
alcanzar más corazones para ti. Ayúdame a ver a estas
personas a través de tus ojos, como hijos amados de
Dios, creados a tu imagen. Dame las palabras correctas
y abre sus oídos para que puedan verdaderamente
entender las buenas nuevas de tu reino.

Justicia, paz y gozo

Porque el reino de Dios no es comida ni bebida,
sino justicia, paz y gozo en el Espíritu Santo.
ROMANOS 14.17

Recuérdame, Padre, (porque se me olvida fácilmente)
que tu reino no está cimentado en las cosas de este
mundo. La verdad es que tu reino no presta atención
a las cosas de este mundo. La justicia, la paz y el gozo
son atributos divinos que nosotros los seres humanos
tenemos dificultad en vivir, a menos que tu Espíritu
cambie nuestros corazones. Permite que yo no
dependa de la realidad externa para satisfacción, sino
que siempre descanse en tu reino de paz y gozo.

El sembrador

Decía además: Así es el reino de Dios, como
cuando un hombre echa semilla en la tierra.
MARCOS 4.26

Dios, ¿qué significa que tu reino es como cuando un
hombre echa semilla en la tierra? ¿Significa esto que
puedo encontrar tu reino en todas partes, esparcido
por el mundo por tu mano generosa? Dame ojos
nuevos para ver tu reino a mi alrededor, especialmente
en lugares donde no esperaría verte. Padre, gracias
por tu generosidad. Gracias porque nunca te niegas a
nosotros y siempre estás dando de ti.

El grano de mostaza

*El reino de Dios ... es como el grano
de mostaza, que cuando se siembra
en tierra, es la más pequeña de todas
las semillas que hay en la tierra.*
MARCOS 4.30–31

Señor, para que tu reino crezca y se expanda, por
favor siembra una semilla de fe en mi corazón. Haz
de mi corazón un lugar fértil para que esa fe crezca
y mi trabajo en tu reino sea fructífero. Alienta tu
Espíritu en mí para que yo pueda contribuir en gran
medida a tus planes; no para vanagloriarme sino para
glorificarte solamente a ti, Padre.

Como un niño

De cierto os digo, que el que no reciba el reino
de Dios como un niño, no entrará en él.
MARCOS 10.15

Señor, dame un corazón de niño. Crea en mí la simple
y sincera convicción que tú celebras y aprecias en
tus niños. Permíteme experimentar la maravilla de
tu amor y el don de la gracia. Ayúdame a compartir
con otros la esperanza que tengo en ti, con la euforia
ingenua que caracteriza a los niños. Permíteme poner
a un lado las preocupaciones de adulto y vivir una vida
feliz, para así poder entrar en tu reino.

Es más que hablar

Porque el reino de Dios no consiste
en palabras, sino en poder.
1 Corintios 4.20

Dios, a veces me expreso muy bien, pero mi corazón y
mis acciones no reflejan lo mismo. Recuérdame que tu
reino es activo y poderoso. No es solo pura habladuría.
Es real y está aquí en la tierra ahora. Tú me pides que
ayude a edificar tu reino; muéstrame nuevas formas
para servir. Dame pasión por tu reino en la tierra —y
también por tu reino celestial.

Pobreza bendita

Bienaventurados vosotros los pobres,
porque vuestro es el reino de Dios.
LUCAS 6.20

Señor, permite que esté dispuesto a ser pobre en esta vida, para poder ser rico en tu reino. Concédeme un espíritu de generosidad, incluso dando más allá de mi nivel de comodidad para que así tenga que sacrificar mis sentimientos de seguridad. Las cosas terrenales no son las importantes, Dios. Yo sé que tú cuidaras de mí, y me has prometido una recompensa mayor en el cielo.

Muertos y enterrados

Jesús le dijo: Deja que los muertos entierren a
sus muertos; y tú ve, y anuncia el reino de Dios.
LUCAS 9.60

Dios, ayúdame a dejar el pasado atrás y en cambio,
mirar hacia tu futuro. Sé que sostienes en tus
manos mi pasado, presente y futuro. Te entrego
los tres y te pido que seas mi Salvador, quien cubre
mis faltas pasadas, me guía en tu voluntad en mis
circunstancias presentes y está conmigo mientras
me dirijo hacia tu futuro. No permitas que me
preocupe por lo que está muerto y enterrado; llena
mis pensamientos y conversaciones con la realidad de
tu reino en el aquí y ahora.

Sanidad

Y sanad a los enfermos que en ella
haya, y decidles: Se ha acercado
a vosotros el reino de Dios.
LUCAS 10.9

Tu reino, Señor, trae sanidad a los que están enfermos
de espíritu, mente y cuerpo. Capacítame para llevar
tu sanidad a los que me rodean. Hazme responsable;
recuérdame que no es solo *decir* que voy a orar por los
que están enfermos sino que seria e intencionalmente
me acerco a ti en favor de ellos. Ayúdame a ver los
milagros de sanidad que presentas en cada momento
y todos los días. Y, en esas situaciones, recuérdame
dirigir a otros a tu bondad.

Santificación

Pues la voluntad de Dios es
vuestra santificación.
1 TESALONICENSES 4.3

Dios, Soberano de mi vida, deseas que yo sea
santificado —completa y absolutamente entregado
a ti. Me rindo a tu voluntad. Te doy mi corazón, mi
familia, mis amistades, mi carrera, mi ministerio,
mis pasatiempos, mi salud. Ínstame poco a poco a
entregarte cada área de mi vida —especialmente las
que trato desesperadamente de recuperar y controlar
por mí mismo.

Gracias

Dad gracias en todo, porque esta es la voluntad
de Dios para con vosotros en Cristo Jesús.
1 TESALONICENSES 5.18

Rey del Universo, te doy gracias por todo lo que me
has dado, a cada momento del día. Gracias por la
salud que me concedes, que me permite levantarme
sintiéndome alerta y renovado. Gracias por el alimento
que nutre mi cuerpo para hacer tu trabajo. Gracias
por la ropa que me has provisto para mantenerme
abrigado. Gracias por el trabajo que todavía resta por
hacer, para que en él pueda glorificarte. Continúa
llenando mi corazón de gratitud para que así pueda
hacer tu voluntad en el mundo.

Deleite

El hacer tu voluntad, Dios
mío, me ha agradado.
SALMO 40.8

Gracias, Dios, porque tu voluntad no es una de tristeza
ni de melancolía. Estoy agradecido porque no eres un
dios que se deleita viendo a tus hijos sufrir. De hecho,
¡te deleitas en regalarme buenas dádivas! ¡Qué dicha el
saber qué piensas de mí de esa manera! Mientras sigo
aprendiendo a vivir siempre dentro de tu reino, me
complace tener la capacidad de devolver, aunque sea de
una forma pequeña, sirviéndote a ti y a los demás.

Para siempre

*Y el mundo pasa, y sus deseos; pero el que hace
la voluntad de Dios permanece para siempre.*
1 JUAN 2.17

Las cosas de este mundo nunca permanecen. No sé
porqué me emociona tanto adquirir bienes materiales.
El sentido de expectación siempre es mejor que el
objeto en sí, que siempre termina en desilusión. Hasta
mis antojos por las cosas de este mundo vienen y van.
Gracias, Señor Dios, porque tu reino es permanente,
y yo voy a permanecer ahí para siempre. Hazme sentir
pasión por la eternidad junto a ti... ¡una recompensa
que definitivamente no me decepcionará!

Lo primero es lo primero

Mas buscad primeramente el reino de Dios y su
justicia, y todas estas cosas os serán añadidas.
MATEO 6.33

Tú entiendes, Señor, que tengo cuentas por pagar,
plazos que cumplir, una casa que limpiar, una familia
que cuidar. Todo esto es relevante, pero no tienen
una importancia fundamental. Recuérdame siempre
buscar tu reino antes que todas esas cosas. Dame una
vida equilibrada que esté fielmente comprometida a tu
llamado. Ayúdame a confiar en que tú vas a cuidar (y a
bendecir) todos los detalles de mi vida.

Paciencia

Porque os es necesaria la paciencia,
para que habiendo hecho la voluntad
de Dios, obtengáis la promesa.
HEBREOS 10.36

Rey de mi Corazón, quiero hacer tu voluntad. Sin embargo, tú sabes que a veces me impaciento y me lleno de dudas. Me distraen las tentaciones del mundo —dinero, relaciones, poder, prestigio— pues parecen ser la respuesta a mis problemas. En lo profundo de mi corazón, yo sé que conducen a la ruina. Ayúdame a seguir adelante, confiando en ti. Sé que siempre cumples tus promesas.

EL PAN NUESTRO
DE CADA DÍA,
DÁNOSLO HOY

(Suple mis necesidades)

*E*s una tendencia humana tratar de salvaguardar el futuro. Nos sentimos más en control si pensamos que podemos garantizar que vamos a tener todo lo que necesitaremos en el futuro. No hay nada malo con las pólizas de seguro o con las cuentas de ahorro, pero a fin de cuentas, ninguno de nosotros puede controlar lo que depara el futuro.

En la oración de Jesús, él habla del «pan de cada día», no semanal, no mensual, no anual. Así como Dios enviaba el maná a los Israelitas cada mañana —un alimento que se dañaba si lo trataban de almacenar para el otro día—, Dios promete darnos exactamente lo que necesitamos para el día que tenemos por delante. Día a día, Él satisface nuestras necesidades de alimento físico y espiritual.

Dios quiere que dependamos solo de Él, cada día de nuestra vida, creyendo que Él nos dará exactamente lo que necesitamos.

Esto es lo que significa caminar por fe.

Suficiente

Y poderoso es Dios para hacer que abunde
en vosotros toda gracia, a fin de que,
teniendo siempre en todas las cosas todo lo
suficiente, abundéis para toda buena obra.
2 Corintios 9.8

~ ⋅⋅⋅ ❦ ⋅⋅⋅ ~

Tú me haces suficiente, Dios —me das bastante de
todo lo que necesito— para hacer tu voluntad. A decir
verdad, siempre me das *mucho más* de lo que necesito.
Estas bendiciones son sorpresas maravillosas que no
quiero tomar por sentado. Muéstrame las maneras en
las que puedo compartir tus bendiciones con otros.
Señor, eres un buen dador. ¡Gracias!

Las riquezas de Dios

*Mi Dios, pues, suplirá todo lo que
os falta conforme a sus riquezas
en gloria en Cristo Jesús.*
FILIPENSES 4.19

Padre celestial, ¿por qué tendría que dudar alguna vez
de tu capacidad para darme lo que necesito cuando
tienes tanta riqueza? ¡Tu riqueza es inconmensurable
y la quieres compartir conmigo! ¡Qué lección de
humildad! Ayúdame a recordar que todo lo que llamo
«mío» es en realidad Tuyo. Perdóname cuando mi
corazón se endurece y no está dispuesto a aceptar tus
riquezas en gloria. Ayúdame a estar receptivo a tu
Espíritu mientras se mueve en mi corazón.

Nada me faltará

Jehová es mi pastor; nada me faltará.
SALMO 23.1

Como siempre estás cuidando de mí —guardándome
y guiándome— tengo todo lo que necesito. Tú
eres el Buen Pastor, el que suple todo a tu oveja, yo.
Recuérdame todos los días que como oveja, no puedo
ver el cuadro completo —los peligros más allá de
la colina o las bendiciones que me toca encontrar.
Ayúdame a confiar más plenamente en el Pastor y en
sus planes para mí. Dame un corazón agradecido y un
espíritu que renuncia al control. Gracias, Señor.

Semilla y pan

Y el que da semilla al que siembra, y
pan al que come, proveerá y multiplicará
vuestra sementera, y aumentará
los frutos de vuestra justicia,
2 CORINTIOS 9.10

———

Dios, tú no eres solo un sembrador o un segador,
¡eres un verdadero agricultor! Primero, plantas la
semilla; luego la riegas y la alimentas, dándome el
sostén y el aliento que necesito para crecer en ti.
Trabajas incansablemente para recoger una cosecha
abundante cuando mi corazón está lleno de tierra
fértil. Quiero devolverte la mies dando hermosos
frutos de justicia. Continúa trabajando en mí, Dios
agricultor. ¡Estoy listo!

Como las aves

*Considerad los cuervos, que ni siembran,
ni siegan; que ni tienen despensa, ni
granero, y Dios los alimenta. ¿No valéis
vosotros mucho más que las aves?*
LUCAS 12.24

Señor, si tú cuidas de las aves, entonces sé que puedo
confiar en ti para que cuides de mi vida. Puedo
descansar en la certeza de que tú siempre cuidas de
mí. Yo sé que valgo para ti más que un ave. Y aunque
sé que no lo merezco, te agradezco por tu amor
incondicional.

Prioridades

Por tanto os digo: No os afanéis por
vuestra vida, qué habéis de comer o qué
habéis de beber; ni por vuestro cuerpo, qué
habéis de vestir. ¿No es la vida más que el
alimento, y el cuerpo más que el vestido?
MATEO 6.25

Cuando empiece a preocuparme por cosas pequeñas,
ayúdame a mantener mis prioridades en orden,
Dios Padre. Concédeme la gracia para no hacer una
montaña de un grano de arena. Una y otra vez, tú has
probado que eres fiel para cuidarme, entonces, ¿qué
derecho tengo de preocuparme? Mantén mi corazón
firme y mis cimientos seguros sabiendo que me
sostienes en tu mano.

Oración y acción de gracias

Por nada estéis afanosos, sino sean conocidas
vuestras peticiones delante de Dios en toda
oración y ruego, con acción de gracias.
FILIPENSES 4.6

Aun cuando te estoy pidiendo algo, Señor, ya
te puedo dar las gracias. Yo sé que escuchas mis
oraciones y responderás con un «sí», un «no» o
un «espera». Gracias por siempre atender a mis
necesidades, aun antes que te lo pida. Qué alivio es
saber que tú ya conoces lo que necesito. Puedo confiar
plenamente en que me responderás de la mejor forma,
de acuerdo a tu propósito.

Los oídos de Dios

Y si sabemos que él nos oye en cualquiera
cosa que pidamos, sabemos que tenemos
las peticiones que le hayamos hecho.
1 JUAN 5.15

Gracias, Dios, que tú siempre me estás escuchando. Tú nunca ignoras mis oraciones, sin importar lo absurdas o insignificantes que yo crea que puedan ser mis palabras. Es un misterio entender cómo es posible que puedas escuchar todas las peticiones de la humanidad al mismo tiempo, ¡pero tú lo haces! Y cada momento de comunicación es importante para ti. Gracias por ser el Dios que siempre tiene oídos prestos para escuchar.

Promesas

Y cualquiera cosa que pidiéremos la
recibiremos de él, porque guardamos
sus mandamientos, y hacemos las cosas
que son agradables delante de él.
1 Juan 3.22

Ayúdame a guardar tus mandamientos y a vivir
siempre de una forma que te agrade, mi Señor. Sé que
tus mandamientos no están supuestos a ser una carga
para mí, sino que me mantienen a salvo de todo mal,
de las tentaciones, y me permiten vivir en la libertad
de tu amor. Perdóname por las veces que he sentido
que tus mandamientos me están limitando.

¡Persistencia!

Pedid, y se os dará; buscad, y
hallaréis; llamad, y se os abrirá.
MATEO 7.7

Señor, permite que pueda confiar en ti lo suficiente
para pedirte lo que necesito —y luego seguir pidiendo,
buscando y llamando hasta que contestes. Permite que
no me canse de acercarme a ti en oración. Yo sé que
cumples tus promesas, que tú me escuchas y que estás
trabajando en los detalles de mi vida. Cuando esté
orando por los demás, mantenme comprometido en
llevarlos delante ti.

Confianza

*Por tanto, os digo que todo lo que pidiereis
orando, creed que lo recibiréis, y os vendrá.*
MARCOS 11.24

Gracias, Padre, porque puedo acercarme a ti en
confianza. No merezco tener acceso a ti por medio de
la oración, pero aún así te deleitas en la comunicación
que tenemos. Cuando presente mis peticiones ante ti,
no quiero que sean para mi beneficio personal ni que
estén fuera de tu voluntad. Que mis deseos sean tus
deseos, Padre. Yo sé que siempre me vas a dar lo que
verdaderamente necesito.

Mañana

Así que, no os afanéis por el día de mañana,
porque el día de mañana traerá su afán.
Basta a cada día su propio mal.
MATEO 6.34

Señor, la verdad es que no tengo ningún control sobre el mañana. Libérame de las preocupaciones sobre el futuro, ya sea mañana, la semana que viene o el año entrante. Permite que pueda confiar en ti para el aquí y el ahora, en este momento, y confiar en que tú te harás cargo de cualquier cosa que pueda venir. Confío en ti, Padre. Permite que mis acciones lo demuestren. ¡Anhelo la libertad que viene de vivir despreocupado!

El deseo del corazón

Deléitate asimismo en Jehová, y él te
concederá las peticiones de tu corazón.
SALMO 37.4

Gracias, Dios, porque creaste los anhelos más
profundos y genuinos que viven dentro de mí. Tú
me hiciste único y diferente a los demás, y me has
dado el deseo de vivir en tu voluntad. Gracias por las
pasiones y los dones que me has dado. Te ruego que me
muestres las maneras en las que puedo usar esos dones
para bendecirte. Me alegra saber que mientras me
deleito en ti, siempre puedo confiar en que tú suplirás
los deseos de mi corazón anhelante.

¡Abre de par en par!

Yo soy Jehová tu Dios, que te hice subir de la tierra de Egipto; abre tu boca, y yo la llenaré.
SALMO 81.10

Señor, como un pajarito, abro de par en par la boca de mi alma, en la certeza de que siempre suplirás todas mis necesidades. Abre hoy mi corazón, Dios, para que rebose solo de lo que necesito: ánimo, alegría, espíritu de servicio, pasión por los perdidos, paciencia, bondad y amor hacia los demás. Estoy listo, Padre. ¡Lléname!

Satisfecho

Jehová te pastoreará siempre, y en las sequías
saciará tu alma, y dará vigor a tus huesos; y
serás como huerto de riego, y como manantial
de aguas, cuyas aguas nunca faltan.
ISAÍAS 58.11

Incluso en medio de las sequías de la vida —cuando
todo parece seco, muerto y polvoriento— gracias,
Padre, porque continúas regando mi corazón y
satisfaciendo mi alma. Cuando vea que otros están
en medio de alguna sequía, dame las palabras y las
acciones correctas para compartir con ellos de tu agua
viva, para que jamás vuelvan a tener sed.

Almas hambrientas

Porque sacia al alma menesterosa, y
llena de bien al alma hambrienta.
SALMO 107.9

Dios, ¡mi alma a veces está tan hambrienta de ti! Yo sé
que no eres tú el que se ha alejado, he sido yo. Gracias
porque eres inconmovible, inquebrantable y siempre
estás ahí. Por esto, sé exactamente hacia dónde correr
para encontrarte, para satisfacer mi alma sedienta.
Dame un fundamento sólido en tu presencia para que
no me sienta tentado a alejarme otra vez. Gracias por
ser tan paciente conmigo.

PERDÓNANOS
NUESTRAS DEUDAS

(Limpia mis pecados)

El pecado es lo que nos separa de Dios. Es todo lo que está roto, todo lo que se desvía de su curso, lejos del camino que Dios quiere para nuestras vidas. Nuestros corazones están naturalmente inclinados a extraviarse. Y cuando lo hacen, nos sentimos manchados, perdidos, golpeados por la pobreza, miserables, avergonzados.

Pero Jesús vino a llevarse todos esos sentimientos. Él vino para regresarnos otra vez al camino correcto. Él es el puente que elimina la división que pone el pecado entre Dios y nuestros corazones. No importa cuántas veces nos desviemos de nuestro curso, él siempre está listo para alcanzarnos con su mano y levantarnos otra vez.

Rico en gracia

En quien tenemos redención por su
sangre, el perdón de pecados según
las riquezas de su gracia.
EFESIOS 1.7

Padre, el mundo me dice que debo tener riquezas
materiales, pero las verdaderas riquezas se encuentran
en tu gracia ilimitada. Gracias por la riqueza de
tu gracia, Señor. Gracias porque tu gracia es lo
suficientemente grande como para cubrir mi pecado
del pasado, el del presente y el que ha de venir. ¡Esta es
la herencia que en verdad anhelo!

Promesas

Porque esto es mi sangre del nuevo pacto, que por muchos es derramada para remisión de los pecados.
MATEO 26.28

La sangre de Jesús es el nuevo pacto; la nueva promesa que me has hecho, Señor. ¡No estoy limitado por las normas y regulaciones de la ley del Antiguo Testamento, sino que me has dado una libertad increíble! La sangre de Jesús es tan poderosa que no puedo comprenderla, pero te ruego que me ayudes a confiar siempre en esta sangre salvadora que limpia todos mis pecados.

Fiel

Si confesamos nuestros pecados, él es fiel
y justo para perdonar nuestros pecados,
y limpiarnos de toda maldad.
1 Juan 1.9

Dios, confieso que he pecado. Me he extraviado, me he alejado de tu amor. Una y otra vez te he decepcionado. Me da vergüenza admitirlo, pero tú pides mi confesión. Perdóname. Lávame. Llévame a casa. Gracias porque aun en este momento puedo confiar en tu fiel amor. Gracias por la promesa de que eres fiel para perdonarme —no solo ayer y hoy, sino mañana también.

Potestad

*Pues para que sepáis que el Hijo
del Hombre tiene potestad en la
tierra para perdonar pecados.*
MARCOS 2.10

Jesús, nadie más tiene la potestad de perdonar los
pecados como tú lo haces. Tú llevaste la vergüenza
de mis pecados sobre tus hombros mientras colgabas
en la cruz. No puedo entender el inmenso dolor y
sufrimiento que soportaste mientras eras golpeado y
ridiculizado. Tú pagaste por mí. Saldaste mi deuda
insuperable. Gracias por tu sacrificio y gracias por tu
potestad, que me libera de mis pecados.

El nombre de Dios

*Ayúdanos, oh Dios de nuestra salvación, por
la gloria de tu nombre; y líbranos, y perdona
nuestros pecados por amor de tu nombre.*
SALMO 79.9

Señor, sé que mis pecados me hacen indigno. Más que
eso, mis pecados me separan de ti. Pero Señor, por ser
quien eres, tú me limpias. Tú me cubres con la sangre
del Cordero y me liberas de todo mi pecado para que
pueda habitar en tu presencia. No es que haya hecho
algo por mí mismo. ¡Permite que siempre traiga gloria
a tu nombre!

Purificado

Las iniquidades prevalecen contra mí; mas
nuestras rebeliones tú las perdonarás.
SALMO 65.3

Padre, ¡con cuánta frecuencia hecho todo a perder! En realidad, a veces el pecado parece ser más fuerte que yo, querido Señor. Necesito un fundamento firme en mi vida pues me siento incapaz de cambiar. Te suplico que alejes esta tendencia de mi corazón. Me voy a enfocar en ti y en tu Palabra, Dios Salvador, y sé que tú me alejarás de la tentación del pecado.

Recaída

Aunque nuestras iniquidades testifican
contra nosotros, oh Jehová, actúa por amor
de tu nombre; porque nuestras rebeliones
se han multiplicado, contra ti hemos
pecado ... Sin embargo, tú estás entre
nosotros, oh Jehová, y sobre nosotros es
invocado tu nombre; no nos desampares.
JEREMÍAS 14.7, 9

No importa lo mucho que haya avanzado en mi
caminar espiritual contigo, Señor, tarde o temprano,
comienzo a dar marcha atrás. Hay algunas situaciones
y tentaciones que siempre me hacen luchar, y admito
que algunas veces cedo ante esas tentaciones y
pecados. Sin embargo, tú permaneces aquí conmigo.
No me dejes ahora.

Rebeldía

De Jehová nuestro Dios es el tener
misericordia y el perdonar, aunque
contra él nos hemos rebelado.
DANIEL 9.9

Algunas veces actúo como un niñito de dos años o
como un adolescente: quiero hacer lo que me da la
gana, y cuando me da la gana. Ignoro lo que sé que es
correcto y es bueno, y me voy cuesta abajo por una ruta
peligrosa. Aun cuando estoy en medio de la situación,
sé que estoy obrando mal. Me rebelo contra tu amor,
Señor. Gracias porque a pesar de mi necedad, tú
siempre me perdonas, aun cuando sé que no lo merezco.
Ayúdame a nunca aprovecharme de tu perdón.

Compasivo

Porque seré propicio a sus injusticias,
y nunca más me acordaré de sus
pecados y de sus iniquidades.
HEBREOS 8.12

Gracias por ser un Dios misericordioso. ¡Ni siquiera
te acuerdas de todas las veces en que te he fallado! Tú
perdonas y olvidas de verdad. Enséñame a manifestar
esa misma misericordia a la gente que me ha fallado,
para que pueda hacer brillar tu luz en los demás de una
forma real y genuina, con amor incondicional.

Deleitado en misericordia

*¿Qué Dios como tú, que perdona la
maldad, y olvida el pecado del remanente
de su heredad? No retuvo para siempre su
enojo, porque se deleita en misericordia.*

MIQUEAS 7.18

⁕

Padre, a veces cuando busco tu perdón por un pecado
que he cometido una y otra vez, supongo que aunque
me estás perdonando, lo haces a regañadientes. ¡Pero
la verdad es que tú te deleitas en misericordia! ¿Quiere
decir entonces que te deleitas en perdonarme? ¡Qué
pensamiento maravilloso! ¿Qué me haría sin tu
misericordia?

Borrado

Yo, yo soy el que borro tus rebeliones por amor
de mí mismo, y no me acordaré de tus pecados.
ISAÍAS 43.25

———— ❧ ————

Dios, me siento tan agradecido de que no guardes
rencores. Te doy gracias y te alabo, querido Señor,
porque no solo has borrado todos mis pecados, ¡sino
que ni siquiera te acuerdas de ellos! Haces borrón y
cuenta nueva. Me das un nuevo comienzo: oprimes el
botón de REINICIAR. Me has hecho verdaderamente
libre del pasado.

Distancia insuperable

Cuanto está lejos el oriente del occidente,
hizo alejar de nosotros nuestras rebeliones.
SALMO 103.12

Siempre que sienta que soy un caso perdido, que
nunca voy a ser capaz de superar el pecado en el que
he caído, recuérdame, Padre, que desde tu perspectiva,
mi alma y mi pecado bien podrían estar en diferentes
dimensiones, separados por una distancia insuperable.
Borra la vergüenza y la culpa que siento por mis
pecados pasados y ayúdame a descansar en el hecho de
que ya he sido completamente perdonado.

Detrás de la espalda de Dios

Más a ti agradó librar mi vida del
hoyo de corrupción; porque echaste tras
tus espaldas todos mis pecados.
ISAÍAS 38.17

Tengo que imaginar que si echas algo detrás de tus espaldas, Dios Creador, ya no existe más. Tú no quieres mirarlo, pensar en ello, ni siquiera molestarte por ello. Recuérdame siempre que esto es lo que tú has hecho con mis pecados. ¡Soy libre!

Las profundidades del mar

*Él volverá a tener misericordia de nosotros;
sepultará nuestras iniquidades, y echará en
lo profundo del mar todos nuestros pecados.*
MIQUEAS 7.19

<hr/>

Padre celestial, gracias por tu tierna misericordia, que echa mi pecado en lo profundo del océano más hondo y oscuro, para nunca más ser recordado. Toma todos los impulsos egoístas de mi corazón y somételos, para que pueda ser libre y así servirte como anhelo.

Vestiduras nuevas

Quitadle esas vestiduras viles. Y a él le
dijo: Mira que he quitado de ti tu pecado,
y te he hecho vestir de ropas de gala.
ZACARÍAS 3.4

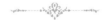

Padre, tú me ofreces un nuevo vestuario para
reemplazar mis vestimentas impuras, que están
manchadas con pecado. Perdóname cuando creo,
equivocadamente, que mis trapos sucios son
adecuados y trato de aferrarme a ellos. Ayúdame
a ponerme las vestiduras nuevas que tú me has
entregado. Vísteme con tu amor y perdón.

Limpio

Esparciré sobre vosotros agua limpia, y seréis
limpiados de todas vuestras inmundicias;
y de todos vuestros ídolos os limpiaré.
EZEQUIEL 36.25

Dios, cada vez que tomo una ducha, recuérdame
que tú has lavado mi alma con tu amor. Así como la
espuma del jabón se lleva el sucio del día, recuérdame
del poder purificador de tu gracia y misericordia. Tú
has lavado todo lo que era falso en mi vida y ahora
estoy verdaderamente limpio.

COMO TAMBIÉN NOSOTROS PERDONAMOS A NUESTROS DEUDORES

(Enséñame a perdonar)

Cuando alguien nos trata de una forma que nos parece injusta, somos muy propensos a enfocarnos en esa falta. Le damos vueltas al asunto. Hablamos sobre ella con los demás. Nos mantiene despiertos por la noche. Hasta las faltas más insignificantes pueden crecer más y más en nuestras mentes, mientras más pensamos en ellas. Y cuando se trata de faltas realmente grandes —por ejemplo, cuando alguien hiere a un ser querido o cuando alguien inocente es víctima de algún acto violento— justificamos la ira y la indignación en nuestros corazones.

Sin embargo, así no es como luce el perdón. El perdón deja a un lado las faltas, sin importar cuán reales, inmerecidas o grandes puedan parecer. El perdón imita la misericordia que Dios ha mostrado a nuestros corazones. Nos recuerda que así como Dios nos perdona a menudo, así mismo podemos perdonar a los demás.

Jesús nos pide que perdonemos.

Siempre que oro

*Y cuando estéis orando, perdonad, si tenéis
algo contra alguno, para que también
vuestro Padre que está en los cielos os
perdone a vosotros vuestras ofensas.*

MARCOS 11.25

Siempre que me acerque a ti, Señor, para pedir que me
concedas alguna petición, recuérdame primero dejar a
un lado cualquier carencia de perdón que tenga en mi
corazón. No quiero guardar rencores y sé que evitar
el perdón me hiere más a mí que a la otra persona.
Muéstrame maneras de manifestarles la verdadera
gracia —tu gracia— a quienes me han hecho daño.

Furor aplazado

La cordura del hombre detiene su furor,
y su honra es pasar por alto la ofensa.
PROVERBIOS 19.11

La palabra *honra* se refiere a la esencia de algo, la calidad que hace que brille. Querido Dios, recuérdame que presento la mejor evidencia de lo que puedo ser, que brillo más que nunca, cuando no vuelco mi ira contra los demás. Dame la sabiduría para saber cómo reaccionar ante las personas y las situaciones de la misma manera en que tú lo harías. Permite que el amor, el respeto y la bondad sean el fundamento de todo lo que hago.

Persecución

Bendecid a los que os maldicen, haced
bien a los que os aborrecen, y orad por
los que os ultrajan y os persiguen.
MATEO 5.44

Padre, bendice a quienes me han hecho daño, a
quienes les han hecho daño a mis seres amados, a los
que les han hecho daño a los inocentes del mundo.
Te pido que me muestres cómo alcanzar de forma
práctica y amable a estas personas que han hecho daño
a otros. Ayúdame a ver más allá de sus acciones, hasta
atisbar en su propio dolor. Úsame para mostrarles tu
misericordia y amor.

Bendiciones en lugar de maldiciones

*Bendecid a los que os maldicen, y
orad por los que os calumnian.*
LUCAS 6.28

Mi Señor, me siento maltratado. Me siento maldito.
Me siento menospreciado y abusado. Estoy enojado
y herido. Vengo a ti con estos sentimientos y te los
entrego. Quita el dolor y mi deseo de venganza.
Cuando se trata de lidiar con estas personas, dame tu
corazón. Te pido que bendigas a quienes me han hecho
sentir así. Hágase tu voluntad, Padre.

Herencia de bendición

No devolviendo mal por mal, ni maldición
por maldición, sino por el contrario,
bendiciendo, sabiendo que fuisteis llamados
para que heredaseis bendición.
1 PEDRO 3.9

Cuando me siento herido, mi primera reacción es
devolver el golpe, quejarme de la gente que se queja
de mí. Padre, tú conoces estas tendencias dentro de
mí. Te ruego que las transformes, y que mi primera
reacción sea siempre orar y bendecir. Cuando sienta
que esto es demasiado difícil para mí, recuérdame
que tú me vas a recompensar con bendiciones
innumerables.

¡Aguantar!

Nos maldicen, y bendecimos; padecemos
persecución, y la soportamos.
1 Corintios 4.12

¡Dios, dame paciencia para soportar todo el dolor que se cruza en mi camino! Tú conoces todo lo que me provoca molestia y me irrita. Dame la paz para soportarlo. Estoy seguro que vas a usar cada situación de acuerdo a tu voluntad, ¡pero no es nada divertido pasar por ellas! Dame el consuelo y el aliento que necesito para pasar la prueba.

Alimentando a mis enemigos

*Así que, si tu enemigo tuviere hambre, dale
de comer; si tuviere sed, dale de beber.*
ROMANOS 12.20

Señor, no es suficiente *perdonar* a mis enemigos, ahora
me pides que les haga bien; que haga lo necesario para
suplir sus necesidades. Padre, estoy tan dolido en este
momento que no hay manera en que pueda hacer esto
por mí mismo. Muéstrame como tú quieres que lo
haga, y luego dame las fuerzas para hacerlo. Permite
que pueda encontrar oportunidades para ayudar a
todos los que me han hecho daño.

Esperando por Dios

*No digas: Yo me vengaré; espera
a Jehová, y él te salvará.*
PROVERBIOS 20.22

Cuando surge una situación donde se ha hecho
algo incorrecto, soy presto a sentir que la situación
es urgente; que tengo que hacer algo *ahora mismo*.
En lugar de esto, enséñame, Señor, a esperar en ti.
Dame tu sabiduría en estas situaciones y cuando sea
el tiempo correcto, muéstrame qué decir y qué hacer
para glorificarte.

La otra mejilla

Antes, a cualquiera que te hiera en la
mejilla derecha, vuélvele también la otra.
MATEO 5.39

¿En serio, Dios? Si alguien me hace daño, ¿en verdad
tengo que pedirle que me lo haga otra vez en otro
lugar? ¡Parecería que estás pidiendo demasiado! Se
opone a todo lo que me enseña la sociedad sobre
defenderme, ser agresivo y no dejarme pisotear.
Enséñame lo que Jesús quiso decir con esto. Dame un
corazón que quiera seguir Su ejemplo, aun cuando no
quiera hacerlo.

Seguir lo bueno

Mirad que ninguno pague a otro mal
por mal; antes seguid siempre lo bueno
unos para con otros, y para con todos.
1 Tesalonicenses 5.15

Señor, aun cuando vea maldad a mi alrededor,
ayúdame a seguir siempre lo que es bueno en vez de lo
malo. Perdóname cuando me sienta atraído por el falso
brillo y la belleza que exhibe la maldad. Guárdame
de caer en los trucos del enemigo, y mantén mis pasos
firmes en tu camino, el camino bueno y recto.

Amor

*Todo lo sufre, todo lo cree, todo
lo espera, todo lo soporta.*
1 CORINTIOS 13.7

Dame un corazón lleno de amor, Dios. Ayúdame a
soportar las heridas, siempre esperando y creyendo
lo mejor de los demás. Recuérdame que el amor es
una acción cotidiana, no solo cuando yo lo sienta.
Ayúdame a mostrar amor también con mis palabras.
Dame tus ojos para ver el verdadero valor de la gente
que me rodea, y ayúdame a demostrarles tu amor.
Gracias por ser el ejemplo perfecto de amor.

Contiendas

Soportándoos unos a otros, y perdonándoos
unos a otros si alguno tuviere queja
contra otro. De la manera que Cristo os
perdonó, así también hacedlo vosotros.
COLOSENSES 3.13

Hay días, Señor, en que los desacuerdos vienen
muy fácilmente, sobre todo con las personas con
las que vivo y trabajo bien de cerca. Recuérdame
que Cristo me ha perdonado mayores ofensas y
ayúdame a refrenar mi lengua antes de que comience
una discusión. Cuando tropiece y participe en una
contienda, ayúdame a pedirle perdón a la otra persona.
Concédeme libertad en mis relaciones para que no me
distraiga con mi amargura.

Misericordiosos

Antes sed benignos unos con otros,
misericordiosos, perdonándoos
unos a otros, como Dios también os
perdonó a vosotros en Cristo.
EFESIOS 4.32

El mundo puede ver un corazón compasivo como
una debilidad, pero tú sabes mejor que eso, Dios. Tu
corazón hacia mí es compasivo y eres presto a extender
tu gracia y misericordia. Te ruego que me des un
corazón compasivo. Guarda mi corazón para que no
se vuelva insensible ante el dolor y la maldad de este
mundo. Lléname de tu bondad, humildad, compasión
y sinceridad para que pueda perdonar a otros así como
yo he sido perdonado.

Vencer

No seas vencido de lo malo, sino
vence con el bien el mal.
ROMANOS 12.21

Cuando las tinieblas parezcan atacarme por todas
partes, Señor, dame tu fortaleza para poder superar
la maldad de este mundo. Fortalece tu Espíritu en mí
para que yo pueda sentir tu presencia cerca. Dame
las palabras correctas y muéstrame cómo proceder en
cada situación para así demostrar tu bondad. Úsame
como quieras hacerlo para que se haga tu voluntad. ¡Sé
que estoy en el equipo ganador!

Los hijos de Dios

Sed, pues, imitadores de Dios
como hijos amados.
EFESIOS 5.1

Los hermanos y hermanas discuten y pelean a
menudo. Mis hermanos y yo no somos la excepción.
Pero recuérdame, querido Dios, que tus hijos deben
seguirte a ti y no pelear entre sí. Concédenos suficiente
gracia cuando estemos tratando con los demás y
ayúdanos a mantener nuestros ojos únicamente en
ti mientras lidiamos con nuestras dificultades. Si
estamos siguiendo tu voluntad, seremos bendecidos
más allá de lo inimaginable.

Misericordiosos

Sed, pues, misericordiosos, como también
vuestro Padre es misericordioso.
LUCAS 6.36

Padre, estoy muy agradecido por tu misericordia
y por el don de tu gracia. Sin embargo, sabes
que algunas veces se me hace difícil demostrar
misericordia a los demás. Es especialmente difícil
para mí ser misericordioso cuando veo que alguien
comete el mismo error muchas veces, o peca una y
otra vez. Pero ahora te pido que me hagas como tú.
Ayúdame a mostrar tu misericordia a todo el mundo
—sin excepciones.

Y NO NOS METAS
EN TENTACIÓN

(Protege mi corazón y espíritu)

Cuando éramos niños, muchos de nosotros nos confundimos con este versículo del Padrenuestro, pues parece indicar que Dios nos tienta a pecar a menos que específicamente le pidamos que no lo permita. No obstante, otras traducciones de la palabra en griego podrían ser «juicios» o «pruebas».

La vida nos trae momentos difíciles, momentos que ponen a prueba nuestra fortaleza y nuestra fe. Jesús nos está diciendo aquí en su oración que en esos momentos, le podemos pedir a Dios ayuda y protección. Cuando seamos probados, Dios nos ayudará a pasar la prueba con éxito. Él nos ayudará a escapar de nuestras pruebas.

Protegido

Sobre todo, tomad el escudo de la
fe, con que podáis apagar todos los
dardos de fuego del maligno.
EFESIOS 6.16

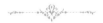

Señor, tú dices que mi fe es el escudo que me
protege de todo mal. Ahora mismo te pido que
fortalezcas esa protección. Dame una fe más grande
y fuerte para que pueda estar listo cuando pase por
momentos difíciles, cuando Satanás esté lanzando
sus dardos de fuego contra mí. No voy a vivir
con miedo ante esa posibilidad, sino más bien me
sustentaré en tus promesas.

La benignidad de Dios

Me diste asimismo el escudo de tu salvación,
y tu benignidad me ha engrandecido.
2 SAMUEL 22.36

Dios Padre, cuando pienso en tu regalo de salvación para mí, pienso en cómo obra en mi vida el poder de tu gracia a través de la muerte de Jesucristo. Pero esto tiene otra cara. Dios, agradezco tu benignidad porque me hace lo suficientemente fuerte como para superar todas las pruebas que se me presentan. Porque soy salvo es que tengo la libertad de ponerme en pie y no sentir miedo.

La armadura de Dios

Pero nosotros, que somos del día,
seamos sobrios, habiéndonos vestido
con la coraza de fe y de amor, y con la
esperanza de salvación como yelmo.
1 TESALONICENSES 5.8

Padre, recuérdame a no aventurarme en las tentaciones
y pruebas de la vida sin antes ponerme tu armadura,
especialmente la coraza de fe y de amor, y el yelmo
de tu salvación. Enséñame a utilizar estos regalos
y a aprovechar el poder que me ofreces a través de
ellos. Dame la oportunidad de usar estas piezas de la
armadura para bendecir a otros, para protegerlos del
poder del mal.

Iluminado

Estén ceñidos vuestros lomos, y
vuestras lámparas encendidas.
LUCAS 12.35

Cuando vea solo oscuridad dondequiera que mire,
te suplico Señor, enciende las luces en mi corazón.
Muéstrame las maneras de compartir esa luz con todos
los que me rodean. Cuando tu luz se enciende, las
tinieblas huyen. Úsame. Te pido que me ilumines.

Completamente despierto

Por tanto, no durmamos como los
demás, sino velemos y seamos sobrios.
1 TESALONICENSES 5.6

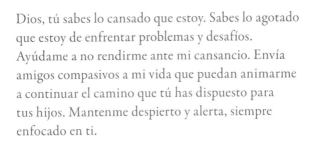

Dios, tú sabes lo cansado que estoy. Sabes lo agotado
que estoy de enfrentar problemas y desafíos.
Ayúdame a no rendirme ante mi cansancio. Envía
amigos compasivos a mi vida que puedan animarme
a continuar el camino que tú has dispuesto para
tus hijos. Mantenme despierto y alerta, siempre
enfocado en ti.

Rescatado

Por cuanto en mí ha puesto su amor, yo
también lo libraré; le pondré en alto,
por cuanto ha conocido mi nombre.
SALMO 91.14

Cuando los problemas amenacen con ahogarme,
amoroso Señor, alcánzame y sálvame. Líbrame de las
inundaciones. Rescátame del fuego. Remuéveme de
la tormenta. Protégeme de la violencia. Recógeme y
ponme en un lugar alto donde pueda estar a salvo en
tu presencia. Sé que mi Liberador se acerca.

Mi guardador

Jehová guarda a todos los que le aman.
SALMO 145.20

Protégeme, Dios. Mantenme a salvo, es lo que te pido. Guarda mi cuerpo físico, mi cabeza y mi corazón. Guarda mi entrada y mi salida mientras me muevo de un lugar a otro. Llévate mi ansiedad, mis preocupaciones y mis aflicciones. Te amo y necesito tu ayuda ahora. No puedo hacerlo solo.

Vivo y bendecido

Jehová lo guardará, y le dará vida; será
bienaventurado en la tierra, y no lo
entregarás a la voluntad de sus enemigos.
SALMO 41.2

———— ✦ ————

Enfermedad, violencia, agotamiento, estrés... nuestro
mundo está lleno de peligros. Algunos de los peligros
que enfrento ponen en riesgo mi vida, Dios. Pero no
quiero vivir una vida de temor. Tú me llamas a ser
audaz y valiente. Gracias porque tú has prometido no
solo salvar mi vida, sino también bendecirme.

Nunca desamparado

Porque Jehová ama la rectitud, y no desampara
a sus santos. Para siempre serán guardados.
SALMO 37.28

Dios Padre, he experimentado abandono en mi vida.
La experiencia me dejó con una sensación de soledad,
vacío y desamparo. Gracias, Dios Padre, porque tú
nunca me abandonarás; nunca me desampararás.
Estoy agradecido por la seguridad que me ofrece esta
promesa. Tú siempre me mantendrás seguro en tus
brazos amorosos que son lo suficientemente fuertes
para sostenerme a mí y a mis situaciones.

Guardado de todo mal

Jehová te guardará de todo mal;
Él guardará tu alma.
SALMO 121.7

La maldad viene en muchas formas y figuras. A veces llega a mi vida disfrazada, y cuando logro reconocer su presencia, ya mi alma está en peligro. Padre, cuando esto pase, sé mi Rescatador (¡aun cuando no pida ser rescatado!) Gracias, Señor, porque siempre me guardas y me protegerás de cualquier mal.

Mi refugio

Tú eres mi refugio; me guardarás
de la angustia; con cánticos de
liberación me rodearás.
SALMO 32.7

Padre Celestial, cuando el mundo parece un lugar peligroso, cuando la ansiedad irrumpe dondequiera que miro, sé mi refugio. Quédate a mi lado y déjame correr a tus brazos. Envuélveme en tu abrazo y cántame tu dulce canción de salvación. No permitas jamás que piense que soy tan autosuficiente que rechace tu consuelo y protección, Papá.

El refugio sobre la roca

*Dios mío, fortaleza mía, en él confiaré; mi
escudo, y el fuerte de mi salvación, mi alto
refugio; Salvador mío; de violencia me libraste.*
2 SAMUEL 22.3

Tú, oh Dios, eres mi lugar de absoluta seguridad:
un refugio construido sobre una roca que nunca
se moverá. Cuando las pruebas y las tentaciones
me rodeen, enséñame a levantar mi vista a lo alto.
Ayúdame a mirar por encima de todos mis problemas
y mirar a tu alto refugio —¡y después correr hasta allí
lo más rápido que pueda!

Refugio en la angustia

*Jehová será refugio del pobre, refugio
para el tiempo de angustia.*
Salmo 9.9

Señor, en tiempos difíciles, cuando siento que la presión es abrumadora, gracias porque eres mi refugio —un lugar de paz, amor y aceptación. Enséñame a buscar tu protección cuando comiencen los problemas, en vez de tratar de manejarlos por mi cuenta. No recibo puntos adicionales por intentar resolverlos sin ayuda.

Cantando

Pero yo cantaré de tu poder, y alabaré de mañana tu misericordia; porque has sido mi amparo y refugio en el día de mi angustia.
SALMO 59.16

Dios, tú conoces todos los problemas que me rodean, pero hoy voy a comenzar mi día cantando. Dame un cántico de poder y misericordia que se quede conmigo todo el día, especialmente cuando vengan las tensiones diarias. ¡No importa lo que la vida me depare, quiero vivir con tu alegre melodía en mi corazón hasta que Jesús regrese para llevarme a casa!

Esperanza

Mi escondedero y mi escudo eres
tú; en tu palabra he esperado.
SALMO 119.114

Dios, sé que una de las formas más seguras de
encontrar tu esperanza es abriendo las Escrituras y
meditando en tu Palabra. Es aquí donde aprendo que
pensaste en mí antes de la fundación del mundo, que
me formaste en el vientre de mi madre, que me amas y
me valoras, que tú ya me has provisto de una manera
de tener una relación cercana contigo por medio de
la muerte, sepultura y resurrección de Jesucristo, y
que tú tienes planes sorprendentes para mí aquí y en
la eternidad. Señor, tus palabras me llenan de una
esperanza extraordinaria.

A salvo en medio del mundo

No ruego que los quites del mundo,
sino que los guardes del mal.
JUAN 17.15

Jesús, tú no pediste que fuera físicamente removido de la tierra para así ser inmune a las tentaciones y pruebas terrenales. En lugar de eso, le pediste a Dios que me protegiera no importando los problemas que se me presentaran. Gracias, Jesús, porque tú oraste por mí.

MÁS LÍBRANOS
DEL MAL

(Guía mis pasos)

Jesús no pretendió que no hubiera maldad en el mundo. En cambio, nos enseña en su oración a fijar la mirada en la salvación de Dios. Aun cuando estemos rodeados por la oscuridad del mal —aun cuando la maldad de esta vida nos rodee de tal forma que no podamos ver nada con nuestros ojos naturales—, aun así, Dios guiará nuestros pasos.

Tal vez no somos capaces de ver el camino por delante, pero Dios conoce el camino. Él nos mantendrá a salvo a medida que continuamos en nuestra jornada de vida, a través de nuestros días más oscuros. Quizás no siempre somos capaces de reconocer que Él está ahí, pero Él nunca nos abandonará. Y un día, Él nos guiará seguros a nuestro hogar.

Sí y no

*Pero sea vuestro hablar: Sí, sí; no, no; porque
lo que es más de esto, de mal procede.*
MATEO 5.37

Dios, enséñame tus caminos para que ningún mal
se establezca de manera permanente en mi vida.
Recuérdame hacer valer mi palabra para que mi «sí»
sea «sí» y mi «no» sea «no». Hazme una persona de
integridad en la que otros puedan confiar. Cuando la
gente me pregunte por qué hago lo que hago, permite
que siempre les encamine hacia ti.

Vestidos con la verdad

Estad, pues, firmes, ceñidos vuestros lomos con
la verdad, y vestidos con la coraza de justicia.
EFESIOS 6.14

Padre, este mundo ha cambiado la verdad por la mentira. Lo que tú ves como blanco y negro, la sociedad lo ve como gris. El bien y el mal se han torcido de forma tal que mucha gente está confundida y ya no saben ni *qué* pensar. Hoy te pido que me cubras con la verdad para que pueda vivir de la forma en que tú quieres que viva. Dame la valentía para defender lo que es correcto, y en amor, guiar a otros hacia ti, la fuente suprema de Verdad.

Esperanza hasta el final

*Por tanto, ceñid los lomos de vuestro
entendimiento, sed sobrios, y esperad
por completo en la gracia que se os traerá
cuando Jesucristo sea manifestado.*
1 PEDRO 1.13

He puesto mi esperanza en tu gracia, Señor, la que
me mostraste a través de la vida de tu Hijo, Jesucristo.
El relato de su muerte, sepultura y resurrección es
el que me salva por toda la eternidad pero, mientras
tanto, quiero imitar su ejemplo de una vida llena de
gracia ahora, en mi vida cotidiana. Ayúdame a siempre
mantenerme enfocado en su ejemplo.

Firme

Pero fiel es el Señor, que os afirmará
y guardará del mal.
2 TESALONICENSES 3.3

Dios, sé que eres fiel. Sé tú mi roca y mi fortaleza,
y te ruego que también seas el fundamento de mi
vida. Hazme firme y fuerte para que siempre pueda
resistir el mal. Y cuando mi propia fe esté firmemente
arraigada, entonces permite que pueda ayudar a otros
a encontrar sus fuerzas en tu fidelidad. ¡Tu fuerza
sostendrá a todos tus hijos!

Sin resbalar

No dará tu pie al resbaladero, ni
se dormirá el que te guarda.
SALMO 121.3

Señor, me estoy acercando a una situación en mi vida donde el camino a seguir parece resbaladizo y peligroso. Te ruego que tomes mi mano, y cuando sea necesario, recógeme y cárgame. Sé que tú no me vas a dejar ni tampoco te vas a tomar un receso para descansar. Gracias porque puedo descansar en ti, incluso en los trechos más difíciles del camino.

Direcciones correctas

Guíame, Jehová, en tu justicia, a causa de mis
enemigos; endereza delante de mí tu camino.
SALMO 5.8

Dios, sabes que a veces se me hace difícil decidir cuál
es el camino debo seguir. Hoy te pido que seas tú mi
mapa y mi guía. Por favor, muéstrame claramente el
camino que quieres que siga. Recuérdame que tú ya
has recorrido el mismo camino. Aunque a veces tal vez
te cuestione por qué vamos por cierto camino, tú sabes
lo que es mejor y tienes grandes planes para mí.

Sendas de rectitud

Enséñame, oh Jehová, tu camino, y guíame por
senda de rectitud a causa de mis enemigos.
SALMO 27.11

❧

Necesito tu ayuda, Señor. No puedo ver el camino
que debo tomar. Está muy oscuro, estoy confundido
y el enemigo de mi alma ha escondido tu senda de mí.
¡Señor, te ruego que por favor me guíes y remuevas al
enemigo que está en el camino!

Caminando en la verdad

Enséñame, oh Jehová, tu camino;
caminaré yo en tu verdad; afirma mi
corazón para que tema tu nombre.
Salmo 86.11

Dios, soy culpable de tener un corazón dividido.
Quiero hacer tu voluntad, pero también quiero hacer
la mía. Perdona mi egoísmo. Cuando mi corazón se
siente indeciso por deseos contradictorios, Dios Padre,
por favor úneme para que tenga un solo enfoque en la
vida: tu camino, tu verdad, tu voluntad, tu senda.

Amor mañanero

Hazme oír por la mañana tu
misericordia, porque en ti he confiado;
hazme saber el camino por donde ande,
porque a ti he elevado mi alma.
SALMO 143.8

Es mi deseo, Dios Padre, encontrarte en oración cada mañana. Tan pronto comience el día, dame oídos, amado Dios, para escuchar tu voz, y para luego seguir escuchando esa voz apacible durante todo el día. Sígueme durante la tarde y susúrrame pensamientos amorosos en la noche mientras descanso, listo para volverte a encontrar en la mañana.

El ojo de Dios

Te haré entender, y te enseñaré el camino en
que debes andar; sobre ti fijaré mis ojos.
SALMO 32.8

Tengo una perra que sigue la dirección de mi mirada
y sabe lo que quiero que haga. Todo lo que tengo que
hacer es mirar hacia su cama para que ella vaya allí y
se acueste; si miro hacia otra dirección, hacia alguna
golosina para perros que haya escondido, ella salta y
corre hacia el bocado de comida. Señor, ayúdame a
ser receptivo a tu mirada. Mantenme tan sintonizado
contigo que puedas usar tus ojos para mostrarme hacia
dónde quieres que yo vaya.

Por mi propio bien

Así ha dicho Jehová, Redentor tuyo, el
Santo de Israel: Yo soy Jehová Dios tuyo,
que te enseña provechosamente, que te
encamina por el camino que debes seguir.
ISAÍAS 48.17

Señor, a veces olvido que tu dirección siempre es por
mi bien. Admito que algunas veces se siente como
si estuviera tomándome una medicina. Pero tú de
verdad deseas lo que es realmente mejor para mí. Tus
caminos siempre me conducen al gozo, la bendición
y la salud. Enséñame a confiar plenamente en ti hoy y
cada día más.

Oídos abiertos

*Entonces tus oídos oirán a tus espaldas
palabra que diga: Este es el camino, andad
por él; y no echéis a la mano derecha, ni
tampoco torzáis a la mano izquierda.*
ISAÍAS 30.21

Padre celestial, dame oídos agudos, para que pueda oír
tu voz. Afina mis oídos para que estén receptivos solo
a ti y dame discernimiento para que pueda ignorar las
voces falsas que quieran imitarte.

No más caminos torcidos

*Y guiaré a los ciegos por camino que no
sabían, les haré andar por sendas que no
habían conocido; delante de ellos cambiaré
las tinieblas en luz, y lo escabroso en llanura.
Estas cosas les haré, y no los desampararé.*

ISAÍAS 42.16

A veces el camino de mi vida parece tomar una vuelta
inesperada tras otra. Siento como si me tropezara
en un laberinto oscuro. Sin embargo un día, Señor,
cuando mire hacia atrás desde la perspectiva del cielo,
¿acaso veré que tú hiciste que esos senderos torcidos de
mi vida me condujeran justo y directamente hasta ti?

La senda de la vida

Me mostrarás la senda de la vida; En
tu presencia hay plenitud de gozo;
delicias a tu diestra para siempre.
SALMO 16.11

Señor, ¿por qué pienso que me las sé todas? A veces mi senda me parece mejor, así que me desvío un poco de la tuya, solo para encontrar decepción, destrucción y angustia. Sé que solo tu camino, Señor, me conduce a la vida, a la felicidad, a los placeres que perdurarán para siempre. Me voy a poner anteojeras, Señor, para que mis ojos estén enfocados directamente en ti.

Pararse derecho

*Enséñame a hacer tu voluntad, porque
tú eres mi Dios; tu buen espíritu
me guíe a tierra de rectitud.*
SALMO 143.10

Padre, en tiempos recientes, mis cargas se han sentido
extremadamente pesadas. Todavía estoy caminando
por tu senda, pero tal vez has notado mis hombros
caídos y que ando cabizbajo. Recuérdame suavemente
que no necesito llevar estas cargas, que tú eres lo
suficientemente fuerte como para llevar todo el
peso del mundo. Te entrego mis preocupaciones y
aflicciones, Padre. Ayúdame a mantenerme de pie y a
seguir el camino de tu perfecta voluntad.

Caminos eternos

Y ve si hay en mí camino de perversidad,
y guíame en el camino eterno.
SALMO 139.24

Tú sabes, Señor Dios, con cuánta facilidad puedo
esconder egoísmo en mi corazón. Pero por más que lo
intente, no puedo esconderlo de ti. Alumbra con tu
luz todas las áreas oscuras en mí. Muéstrame dónde
tengo que crecer y cambiar para ser más como tú. Trae
a mi vida verdaderos amigos creyentes que me puedan
ayudar en esas áreas. Guíame por el camino que me
llevará a la eternidad.

PORQUE TUYO ES EL REINO, Y EL PODER, Y LA GLORIA, POR TODOS LOS SIGLOS

(Oraciones por mi futuro)

*E*speramos con ansiedad el futuro si pensamos que podemos predecir que nos traerá cosas buenas, pero sentimos temor y pavor ante las circunstancias difíciles que sabemos que nos esperan por delante. No podemos escapar a la muerte, la vejez, la pérdida ni el dolor. Y tememos a lo desconocido, al futuro que no podemos predecir ni controlar.

Pero el Padrenuestro nos ofrece esperanza. Jesús nos dice que oremos por nuestras necesidades diarias, y luego nos dice que debemos confiar en el poder de Dios para el futuro. Por medio de Jesús, somos ciudadanos de un reino que perdurará para siempre, un reino de luz y esplendor. ¿Por qué temer al futuro, cuando —sin importar lo que traiga— nos va a guiar más alto y más profundo al reino del Padre?

Gloria venidera

*Pues tengo por cierto que las
aflicciones del tiempo presente no son
comparables con la gloria venidera que
en nosotros ha de manifestarse.*
ROMANOS 8.18

En esencia, Dios, no todo se trata de mí. Soy culpable de ser muy egoísta, egocéntrico. Estoy tan centrado en mí, que pierdo perspectiva de todo el panorama. Dios Padre, cuando el dolor me rodee, permíteme echar un vistazo a la gloria venidera. Ayúdame a recuperar un sentido de perspectiva apropiado. Muéstrame dónde me quieres dentro de tu voluntad.

Eterno

*Porque esta leve tribulación momentánea
produce en nosotros un cada vez más
excelente y eterno peso de gloria.*
2 CORINTIOS 4.17

Señor, cuando pienso en la eternidad, me doy
cuenta que mi tiempo en la tierra es bien
insignificante. Pero Señor, aún así, me mantengo tan
enfocado en mis problemas diarios que me parecen
insuperables. Las cargas y las preocupaciones se roban
la alegría, Señor. En cambio, elijo rendirme ante
cualquier cosa que se presente en mi vida y confiar en
que tu poder me ayudará a salir adelante. Te ruego que
uses mis problemas y dificultades para transformarme
para la eternidad.

Esperanza bienaventurada

Aguardando la esperanza bienaventurada
y la manifestación gloriosa de nuestro
gran Dios y Salvador Jesucristo.
TITO 2.13

Padre, hay algunos días en los que simplemente estoy
aferrado a la esperanza de un hilo. Pero la esperanza
que tú ofreces por medio de Cristo Jesús es real y
activa, y aun cuando parece que se está desgastando,
me sostiene. La esperanza que tengo en ti, Dios, es
para el futuro, pero me bendice hoy. Fortalece mi
esperanza para que la pueda compartir con otros
viajeros cansados en este mundo. Ayúdame a dirigirlos
hasta la verdadera fuente de esperanza.

Cuando Cristo se manifieste

*Cuando Cristo, vuestra vida, se
manifieste, entonces vosotros también
seréis manifestados con él en gloria.*
COLOSENSES 3.4

Jesús, espero por tu regreso a la tierra. Estoy muy
agradecido porque no estoy solo, porque tú estás
conmigo a lo largo del camino. Gracias por el regalo
de tu Espíritu Santo que habita en mí y que me faculta
con la fortaleza que necesito para vivir para Dios. Tú
eres mi vida ahora, y me llevarás contigo a la gloria,
donde seré perfeccionado.

Los pensamientos de Dios

Porque yo sé los pensamientos que tengo acerca
de vosotros, dice Jehová, pensamientos de paz,
y no de mal, para daros el fin que esperáis.
JEREMÍAS 29.11

Dios, tú conoces con cuánta facilidad mis
pensamientos se tornan en problemas y
preocupaciones. En lugar de esto, enséñame a pensar
tus pensamientos: pensamientos de paz y bondad que
me llevarán al futuro que tú has planificado para mí.
Muéstrame los pasos que debo seguir para alcanzar
la vida abundante que tienes reservada para mí, tanto
aquí en la tierra como en la eternidad.

Antes de la fundación del mundo

En la esperanza de la vida eterna, la
cual Dios, que no miente, prometió
desde antes del principio de los siglos.
Tito 1.2

¡Piénsalo, Padre! Eres un Dios que no puede mentir; no hay falsedad ni engaño en ti. Tus promesas son mejores que el oro, alcanzan hasta la eternidad y se remontan al pasado, antes de que fueran hechos los cielos y la tierra. No hay lugar en el tiempo donde no estés, entonces, ¿por qué debo preocuparme por el pasado, el presente y el futuro? Sostenme hoy en tu mano.

Las riquezas de Dios

*¡Oh, profundidad de las riquezas de
la sabiduría y de la ciencia de Dios!
¡Cuán insondables son sus juicios,
e inescrutables sus caminos!*

ROMANOS 11.33

Padre, cuando comience a preocuparme por mi vida,
cuando comience a sentir como si tú no supieras lo
que estás haciendo... recuérdame que tus riquezas
son mucho mayores que mis necesidades. Dame un
espíritu de paz cuando no entienda los porqués, y
afírmame en mi fe que estás haciendo una buena obra
que glorificará tu nombre.

Toda gracia

Mas el Dios de toda gracia, que nos llamó
a su gloria eterna en Jesucristo, después que
hayáis padecido un poco de tiempo, él mismo
os perfeccione, afirme, fortalezca y establezca.
1 PEDRO 5.10

Querido Dios, me alegra mucho saber que tu gracia
es tan amplia y grande que puede obrar aun a través
de los dolores y sufrimientos de la vida. Dame la
porción apropiada de consuelo para soportar esos
momentos de dolor y sufrimiento, y recuérdame que
al final, puedo contar contigo para perfeccionarme,
afirmarme, fortalecerme y establecerme para siempre
en tu amor.

Abundancia

Y a Aquel que es poderoso para hacer todas
las cosas mucho más abundantemente
de lo que pedimos o entendemos, según
el poder que actúa en nosotros.
EFESIOS 3.20

Padre, con frecuencia limito lo que es posible en mi vida... ¡y soy yo el que pierde! Ayúdame a recordar los milagros que has hecho en mi vida; los «incidentes divinos» que tienen tus huellas digitales por todas partes. Recuérdame compartir con otros estas historias extraordinarias para que ellos puedan aprender a verte a ti obrando en sus vidas. Dame tus ojos para ver el poder inagotable que tienes operando en mí. Permite que sepa esperar que tu abundancia llene mi futuro.

Brillando más y más

*Mas la senda de los justos es como la
luz de la aurora, que va en aumento
hasta que el día es perfecto.*
PROVERBIOS 4.18

Padre, cuando estoy en comunión íntima contigo,
el camino delante de mí parece más claro y tu
voluntad parece más evidente. Gracias por la luz que
resplandece más con cada paso que doy. Cuando la
luz parece debilitarse o no estoy seguro cuál camino
tomar, regrésame a tu presencia y guíame a tu
Santa Palabra. Gracias por nunca darte por vencido
conmigo, Padre.

Como Jesús

Amados, ahora somos hijos de Dios, y aún no
se ha manifestado lo que hemos de ser; pero
sabemos que cuando él se manifieste, seremos
semejantes a él, porque le veremos tal como él es.
1 JUAN 3.2

Dios, tú prometes que todavía no has terminado
conmigo. De hecho, no voy a estar terminado hasta
que tú regreses a la tierra otra vez y me lleves de vuelta
a casa contigo. Señor, realmente no importa lo que me
depara el futuro, siempre y cuando un día llegue a ser
como Jesús.

Cara a cara

Ahora vemos por espejo, oscuramente; mas
entonces veremos cara a cara. Ahora conozco en
parte; pero entonces conoceré como fui conocido.
1 Corintios 13.12

Tú sabes que no te puedo ver claramente, Padre. Sabes
que no te entiendo, a pesar de que te busco todos los
días. Sin embargo, estoy agradecido porque te voy a ver
cara a cara, y ese día finalmente te conoceré íntima y
personalmente más de lo que te conozco ahora. ¡Qué
promesa impresionante!

Gloria en gloria

Por tanto, nosotros todos, mirando a
cara descubierta como en un espejo la
gloria del Señor, somos transformados
de gloria en gloria en la misma imagen,
como por el Espíritu del Señor.
2 Corintios 3.18

Tú me has dado gloria en este mundo, Dios. Me has dado esplendor y luz. Tú has creado mi propia esencia para que brille. Y como mantengo mis ojos en ti, estás creando en mí una gloria aún mayor. Permite que tu Espíritu obre en mí, Dios, para ser transformado en tu imagen.

De poder en poder

Irán de poder en poder.
SALMO 84.7

⁓⸰⸱⸰⸱⸰⸱⸰⸱⸰⸱⸰⸱⸰⸱⸰⸱⸰⸱⸰⁓

Señor, tú conoces la fortaleza que necesito para
enfrentar el día de hoy, Dios. Tú conoces la fortaleza
que voy a necesitar mañana, la semana que viene,
el año próximo. Sabes lo que voy a necesitar para
enfrentar cada uno de los retos que tengo por delante
en la vida. Tú conoces el día de mi muerte y sabes
exactamente qué voy a necesitar en ese día también.
Así que no tengo que preocuparme por nada. Tú
me vas a guiar de poder en poder, como si estuviera
saltando de piedra en piedra en un río.

Con Jesús

*Padre, aquellos que me has dado, quiero que
donde yo estoy, también ellos estén conmigo,
para que vean mi gloria que me has dado.*
JUAN 17.24

Dios, por más que desee conocer lo que me depara
el futuro, solo tú sabes lo que va a pasar. En vez de
preocuparme por las cosas que no puedo controlar,
simplemente quiero seguirte a ti en el día de mañana
y en la eternidad. La verdad es que no importa dónde
me lleves, siempre y cuando que Jesús esté allí también.

Alegría

*Porque con alegría saldréis, y con paz seréis
vueltos; los montes y los collados levantarán
canción delante de vosotros, y todos los árboles
del campo darán palmadas de aplauso.*
ISAÍAS 55.12

※

Señor, algunos días las cosas marchan tan bien que
parecería como si toda la creación estuviera cantando
alabanzas a ti, y yo me uniera a ella. Otros días, aun
cuando la creación canta, yo no siento deseos de
alabarte. Gracias, Señor, por recordarme a través de
los montes y los árboles, que no importa lo que el día
de hoy traiga, tú me prometes alegría. Ayúdame a
personificar tu alegría cada día.

AMÉN

(Pacto en la oración)

*C*uando terminamos de orar, decimos automáticamente la palabra «amén». Solemos tratar esta pequeña palabra como si fuera el «adiós» que murmuramos al final de una conversación telefónica. De hecho, lo usamos como para decir: «Me desconecto ahora, Dios, voy a regresar a mi vida, te hablo más tarde».

No obstante, esta palabra hebrea en realidad significa algo diferente. Es una forma de sellar la verdad de lo que acabamos de orar. Expresa nuestro compromiso incondicional con nuestra oración, nuestro acuerdo total. El corazón, la mente y el cuerpo se rinden ante la respuesta de Dios a nuestras oraciones.

Conforme a tu voluntad

*Entonces María dijo: He aquí la sierva del
Señor; hágase conmigo conforme a tu palabra.*
LUCAS 1.38

Señor, ayúdame a seguir el ejemplo de María cuando
se enteró de que estaba embarazada con el Hijo
de Dios. ¡Su mundo se vio sacudido, Dios! ¡Qué
escándalo! ¿Una buena chica judía embarazada antes
de casarse? ¡Inconcebible! Pero ella aceptó la noticia, y
entregó su vida y su cuerpo a tu voluntad. Ayúdame a
aceptar tu palabra —no importa lo que me diga— y a
rendirme a ella.

Motivos correctos

Pedís, y no recibís, porque pedís mal,
para gastar en vuestros deleites.
SANTIAGO 4.3

———※———

Dios, tengo que admitir que a veces soy culpable
de tratar mis oraciones como si fueran una lista de
deseos a un Dios-Papá Noel. O tal vez te trato como si
fueras una máquina expendedora: si digo las palabras
correctas en el orden correcto, voy a obtener lo que
quiero. Si soy sincero, sé que el egoísmo y la codicia a
veces se cuelan en una petición aquí o allá. Hoy te pido
que me muestres cuando mis oraciones hayan sido
corrompidas por mis deseos egoístas. Dame motivos
puros, un corazón puro y una conciencia clara.

Confianza

*Y esta es la confianza que tenemos
en él, que si pedimos alguna cosa
conforme a su voluntad, él nos oye.*
1 Juan 5.14

Señor, cuando oro, descanso en la confianza de que
tú siempre estás escuchando y que entiendes los
pensamientos detrás de mis oraciones, aun cuando
yo no los entienda. ¡Sé que no le estoy hablando a un
espacio vacío! Gracias por la confianza que también
experimento a través del poder del Espíritu Santo que
vive dentro de mi corazón. ¡Contigo a mi lado, puedo
hacer mucho por tu reino!

La verdad

Jesús le dijo: Yo soy el camino, y la verdad, y la vida; nadie viene al Padre, sino por mí.
JUAN 14.6

Dios, cuando elevo mi oración a ti, oro en el nombre de tu Hijo. Él es el camino, él es la verdad, y él me mostrará el camino hacia ti para que yo pueda vivir la vida que tú pensaste para mí. Ayúdame a no distraerme con otros caminos falsos que pueden parecer atractivos o más fáciles. Permite que mi jornada sea una que invite a otros a seguirme, así como yo sigo a Cristo.

Unidos en oración

Otra vez os digo, que si dos de vosotros se
pusieren de acuerdo en la tierra acerca
de cualquiera cosa que pidieren, les será
hecho por mi Padre que está en los cielos.
MATEO 18.19

━━━━━ ◆◆◆ ━━━━━

Gracias, Señor, por aquellos que comparten mi fe en
ti. Gracias por el privilegio de orar con ellos, adorar
con ellos, trabajar juntos para edificar tu reino.
Gracias porque cuando oramos juntos, tú nos escuchas
y cuando nos reunimos, estás allí con nosotros.
Ayúdanos a ser el cuerpo de Cristo vivo y activo que se
supone que seamos.

Permanecer en ti

Si permanecéis en mí, y mis palabras
permanecen en vosotros, pedid todo
lo que queréis, y os será hecho.
JUAN 15.7

Padre, ayúdame a permanecer en ti cuando oro, que
mi oración no sea una repetición rápida de peticiones
para luego afligirme con mis preocupaciones y
pesares. Permite que mis pensamientos permanezcan
enfocados en ti mientras espero tu respuesta a mis
oraciones, sin importar lo rápido que las respondas.
Mantenme cerca y permíteme permanecer en ti en lo
que respondes a mis peticiones, y dame la tranquilidad
de saber que tú obras todo para bien.

Corazones indecisos

Pero pida con fe, no dudando nada;
porque el que duda es semejante a la
onda del mar, que es arrastrada por el
viento y echada de una parte a otra.
SANTIAGO 1.6

Señor, tú sabes lo fácilmente que mi corazón duda y
se tambalea. Soy como un barco en mar abierto, y los
males del mundo me lanzan de un lado a otro como si
fueran oleadas fuertes. Te ruego que tomes el timón
de mi barco. Y luego que te haya dado el control de
mi barco, calma el viento y las olas. Ayúdame a orar
con la calma de una fe absoluta, sabiendo que ya has
ordenado el resultado y que tú sigues queriendo lo
mejor para mí.

¡Cualquiera!

Porque de cierto os digo que cualquiera que
dijere a este monte: Quítate y échate en el mar,
y no dudare en su corazón, sino creyere que será
hecho lo que dice, lo que diga le será hecho.
MARCOS 11.23

Querido Dios, realmente no quiero tirar ninguna
montaña al océano, y me resulta difícil creer
que eso fue lo que Jesús realmente quiso decir
aquí. Muéstrame la verdad de sus palabras.
Enséñame a orar de acuerdo a tu voluntad.

Poder

La oración eficaz del justo puede mucho.
SANTIAGO 5.16

A veces digo: «Lo único que puedo hacer ahora es orar». Lo que quiero decir es que he hecho todo lo que estaba a mi alcance, y ahora, como último recurso, voy a recurrir a la oración. Perdóname, Padre, por confiar en cosas que no vienen de ti y por fijar mi mente en las cosas del mundo. Recuérdame que la oración nunca es el último recurso y que tú eres fiel para escuchar. Enséñame a ver el poder que la oración puede desatar en el mundo.

En todos mis caminos

Reconócelo en todos tus caminos,
y él enderezará tus veredas.
PROVERBIOS 3.6

Dios, reclamo tu presencia en cada aspecto de mi vida. Gracias por tu misericordia y abundante gracia. Te honro solo a ti con mis éxitos y reconozco que tu mano guía mi vida. Ayúdame a fijar mis ojos solo en ti. Enséñame a confiar en ti con todo mi corazón y a no confiar en mi propia sabiduría ni entendimiento. Permite que mi corazón siempre busque glorificar tu nombre y que mis oraciones reflejen esta realidad.

Ánimo voluntario

*Y tú, Salomón, hijo mío, reconoce al Dios de
tu padre, y sírvele con corazón perfecto y con
ánimo voluntario; porque Jehová escudriña los
corazones de todos, y entiende todo intento de
los pensamientos. Si tú le buscares, lo hallarás.*
1 Crónicas 28.9

Haz que mi mente esté dispuesta, Señor. Ayúdame a
confiar en que tus planes para mí son mejores que los
planes que tengo para mí mismo. Pon tus deseos en
mi corazón, para que pueda caminar plenamente en
tu voluntad para mi vida. Ayúdame a estar de acuerdo
con los caminos que tienes para mi vida. Te busco
porque me entiendes completamente.

Corazón perfecto

Sea, pues, perfecto vuestro corazón para
con Jehová nuestro Dios, andando
en sus estatutos y guardando sus
mandamientos, como en el día de hoy.
1 REYES 8.61

Tú sabes, Señor Dios, que por mí mismo nunca podré
alcanzar la perfección. Pero te entrego completamente
mi corazón. Evita que mi mente y mi corazón se
distraigan, y permíteme seguir siendo fiel solo a ti.
Agradezco tu gracia infinita que sostiene mi vida y
porque nunca me dejas ni me abandonas. A través de
mi oración, me entrego totalmente a ti y a tu ley para
mi vida.

Voluntariamente

Yo sé, Dios mío, que tú escudriñas los
corazones, y que la rectitud te agrada;
por eso yo con rectitud de mi corazón
voluntariamente te he ofrecido todo esto.
1 Crónicas 29.17

Te entrego, Dios, todo lo que tengo para ofrecer,
voluntariamente y con alegría. Sé que tú me has dado
y confiado todo lo que tengo. Concédeme un corazón
íntegro para seguirte y guardar tus mandamientos.
Mantén por siempre en mi corazón tus propósitos
y pensamientos. Revélame cualquier cosa que esté
ocultando. Quiero entregártelo todo.

Corazón sincero

Jehová, ¿quién habitará en tu tabernáculo?
¿Quién morará en tu monte santo? El
que anda en integridad y hace justicia,
y habla verdad en su corazón.
SALMO 15.1–2

Señor, a veces me miento a mí mismo. A veces trato de mentirte a ti. Pero tú me conoces. Tú conoces mis pensamientos antes de pensarlos. Revélame tu verdad para que mis oraciones puedan ser verdaderas, justas y rectas. Muéstrame cómo vivir una vida intachable.

Unánimes

Para que unánimes, a una voz, glorifiquéis
al Dios y Padre de nuestro Señor Jesucristo.
ROMANOS 15.6

Úneme en oración con otros, Dios Padre. No dejes
que ninguna división se interponga entre nosotros
mientras hablamos contigo. Dame paciencia para
tratar con personas que no son exactamente como
yo y que pueden ser difíciles. Recuérdame que
la paciencia edifica a tu iglesia. Perdóname por
cualquier murmuración o palabra maliciosa que haya
dicho en contra de mis hermanos y hermanas, y dame
un corazón que anhele el bien para ellos. Trae a mi
mente formas de demostrar amor que te glorifiquen
más y más.

Creyente

Y no seas incrédulo, sino creyente.
JUAN 20.27

Creo en ti, Jesús. Creo en tu poder, sabiduría y amor. Creo que tu obra purificadora en la cruz me limpió de toda mi maldad y por medio de ella, soy recto delante de Dios. Toma mi vida —todas mis palabras y acciones— y úsalas para tu gloria. Enséñame a confiar en ti, sin pedirte pruebas, como hizo Tomás, pero creyéndote a ti y a tu Palabra. Gracias porque tu Palabra es verdadera y me da vida a mí y a los que me rodean.